L'ABBÉ

PIERRE CHABRAND

VICAIRE GÉNÉRAL

CHANOINE ET DOYEN DU CHAPITRE DE LA CATHÉDRALE
DE GAP

GRENOBLE
IMPRIMERIE F. ALLIER PÈRE ET FILS
Grande-Rue, 8, cour de Chaulnes

1889

L'ABBÉ

PIERRE CHABRAND

VICAIRE GÉNÉRAL

CHANOINE ET DOYEN DU CHAPITRE DE LA CATHÉDRALE
DE GAP

GRENOBLE
IMPRIMERIE F. ALLIER PÈRE ET FILS
Grande-Rue, 8, cour de Chaulnes

1889

L'ABBÉ

PIERRE CHABRAND

Dans les numéros du mois de mars 1888, les *Annales de Notre-Dame du Laus (Semaine religieuse du diocèse de Gap)* ont publié sur M. Chabrand les notes biographiques que nous reproduisons dans les pages suivantes :

« Le diocèse de Gap a fait, il y a quelques jours, une perte bien douloureuse dans l'un des membres les plus remarquables de son clergé.

M. Chabrand, dont l'existence s'est prolongée jusqu'à l'extrême vieillesse, a rempli, dans les choses ecclésiastiques, un rôle des plus importants. Encore enfant, il a assisté à la restauration du culte détruit par l'impiété de la Terreur ; plus tard, lorsque déjà il avait pris rang dans la cléricature, il a eu le bonheur de voir le rétablissement du siège de Gap, emporté par la tourmente révolutionnaire. Devenu prêtre, il a présidé pendant dix ans à la direction du Petit-Séminaire d'Embrun, pendant trente-deux ans à celle du Grand-Séminaire de Gap. Depuis Mgr Depéry (1844), les six évêques qui se sont succédé sur le siège de Saint-Arnoux l'ont associé à leur administration, ou comme vicaire général titulaire, ou comme vicaire général honoraire.

Tous les prêtres actuellement existants, sauf les plus jeunes, ont été ses élèves, et encore les derniers, de près ou de loin, ont subi l'influence de son savoir et de sa vertu. Retiré dans sa stalle au vénérable Chapitre, dont il était le doyen depuis longues années, il ne s'est jamais désintéressé du jeune clergé, et c'était pour lui à la fois un besoin et une satisfaction de connaître chacun de ses membres et d'entrer avec tous dans les relations les plus étroites.

Attaché à la famille sacerdotale comme un père à ses enfants, c'est à elle qu'il a consacré ses jours et ses nuits ; c'est pour elle qu'il a commenté le *Pontifical romain,* écrit un *Mois de Saint Joseph,* et surtout ajouté à chaque chapitre de l'*Imitation de Jésus-Christ* ces réflexions si savantes, si pieuses, si bien appropriées aux besoins des âmes sacerdotales.

Une carrière si longue et si bien remplie mérite un hommage particulier : nos lecteurs nous sauront peut-être quelque gré de leur en représenter les phases principales.

I. — M. Chabrand est né le 27 novembre 1800, à Molines-en-Queyras. Il reçut au baptême le prénom de Pierre. Lorsque, plus tard, il eut pris rang dans la tribu sacerdotale, il ne vit pas dans ce nom une appellation arbitraire, ni même simplement une tradition de famille, mais il le considéra comme un signe des volontés divines à son égard. A l'exemple de son patron, il devait aimer l'Église et s'efforcer, par ses enseignements, de confirmer ses frères dans la foi. Supérieur du Séminaire, M. Chabrand veillait avec un soin jaloux à ce que la doctrine enseignée dans les diverses chaires de l'établissement fût en tout conforme aux enseignements venus de Rome.

C'était aussi par un sentiment d'amour et de vénération pour son glorieux protecteur qu'il s'étudiait, chaque année, à donner à la solennité de Saint-Pierre une pompe, un éclat toujours croissants. Il se faisait un devoir d'honorer le nom de son baptême. Mais n'anticipons pas.

Issu d'une famille honorable et chrétienne, M. Chabrand était, en sa qualité d'aîné, l'objet d'une prédilection particulière de la part de ses parents. Ceux-ci le regardaient comme le futur soutien de leur famille et le bâton de leur vieillesse. Mais Dieu avait marqué cet enfant pour d'autres destinées, et, de bonne heure, la Providence tournait son esprit et son cœur vers le divin sacerdoce. A peine sorti de la première enfance, le jeune Pierre laissa voir des dispositions très marquées pour la prière. Bien que l'église paroissiale fût assez éloignée de la maison paternelle, il aimait à s'y rendre fréquemment pour y offrir à Dieu les premiers hommages de sa piété. Là, à genoux et recueilli, il disait les oraisons que sa mère lui avait apprises et contractait le goût des cérémonies religieuses. L'office du prêtre lui souriait tout particulièrement, et, dans ses jeux enfantins, il lui arriva plus d'une fois de mériter de la part de ses camarades ce compliment que, plus tard, il aimait à rappeler : « Oh ! comme tu fais bien le prêtre ! »

Toutefois, afin de pouvoir un jour monter à l'autel, le jeune Chabrand commença par prendre au sérieux les fonctions de clerc. A neuf ans, il se faisait un bonheur de servir régulièrement la sainte messe, et le vénérable pasteur de sa paroisse, tout content de sa régularité et de sa piété, n'hésita pas à inspirer à ses parents la pensée de lui faire *apprendre le latin*. C'était leur dire : il faut en faire un prêtre. Un prêtre ! c'était beau, c'était un honneur pour la famille ! Mais Pierre était l'aîné, et dès lors il n'y aurait pas à compter sur lui pour alléger les sollicitudes des parents et diminuer leurs labeurs. Un instant, le père et la mère du jeune homme parurent hésiter. Néanmoins la lutte entre la nature et la grâce ne fut pas longue. La grâce l'emporta et il fut décidé que l'enfant *serait mis au latin*. Il avait onze ans ; c'était le moment. Une circonstance providentielle s'offrit pour la réalisation du pieux projet.

M. l'abbé Martin, plus tard archiprêtre de Veynes et ensuite chanoine de Gap, était alors dans sa famille. Il avait terminé ses études ecclésiastiques et il était trop jeune pour recevoir les ordres. Afin de se créer une occupation en attendant l'âge voulu par l'Église, il ouvrit une école de latin dans la maison paternelle.

Mgr Miollis, alors évêque de Digne et de Gap, l'encouragea dans cette œuvre, persuadé que de là naîtraient plusieurs vocations pour l'état ecclésiastique.

Sa Grandeur ne fut pas trompée dans son espoir : plusieurs élèves de M. Martin entrèrent dans les ordres. Le jeune Chabrand fut de ce nombre. Parent du professeur, il fut un des premiers à suivre ses leçons. Quelques mois après (1812), il comptait dans cette école une vingtaine de condisciples, avec lesquels il rivalisa d'application et d'amour pour l'étude. Toutefois, il ne put faire là que les classes les plus élémentaires. Le professeur rappelé à Digne pour les saints ordres, les élèves durent le quitter. Le jeune Chabrand se rendit au Petit-Séminaire d'Embrun où, en une seule année, il fit sa troisième et sa seconde. Son séjour en cette ville ne se prolongea pas davantage. M. Martin, devenu prêtre, ayant été nommé à Ville-Vieille, son ancien élève alla le rejoindre pour faire, sous sa direction, ses cours de rhétorique et de philosophie. En cinq ans, grâce à ses talents et à son ardeur pour le travail, le jeune élève avait parcouru le cercle de ses études littéraires. Le moment était arrivé de choisir définitivement la voie qu'il devait suivre. Un instant encore sa famille hésita de le donner à Dieu, mais lui avait pris son parti, et il déclara aux siens que sa résolution était d'embrasser la carrière ecclésiastique. Devant une volonté si formelle, les parents cédèrent, de peur de contrarier les desseins de Dieu.

II. — M. Chabrand quitta donc sa famille en octobre 1817 et prit le chemin de Digne pour y suivre les cours de théologie. Gap, alors, n'avait pas encore de Grand-Séminaire. Les débuts du jeune abbé furent heureux. Un examen subi sur les diverses parties de la philosophie mit en relief son esprit sérieux, pénétrant et positif. C'était d'un excellent augure pour les études théologiques. M. Chabrand ne tarda pas, en effet, à prendre place parmi les meilleurs élèves de son cours, et, au bout d'un an, il fut désigné pour présider aux répétitions connues sous le nom de *Conférences*[1]. Ce choix ne souleva aucune jalousie parmi ses condisciples, car tous rendaient hommage à ses talents. Du reste, le jeune conférencier savait, par sa modestie, par son affabilité, se faire pardonner la distinction qu'il devait à sa rare intelligence.

Tandis qu'il se livrait, avec une noble passion, à l'étude de la première des sciences, l'abbé Chabrand s'exerçait, par la pratique des vertus sacerdotales, à l'éminente mission qui devait lui être confiée plus tard. Il savait que le prêtre doit être le sel de la terre autant que la lumière du monde; qu'à l'exemple du Sauveur, il doit

---

[1] C'est aussi dans le courant de la même année, le 16 mai 1818, qu'il reçut la tonsure. Il reçut les ordres mineurs le 5 juin 1819.

édifier par ses exemples avant d'instruire par ses leçons; et c'est pourquoi il s'appliquait avec une égale ardeur à sa perfection morale et à son développement intellectuel. Les deux œuvres marchèrent de front et, trois ans après, il était assez instruit et assez solide dans la vertu pour mériter les honneurs du sacerdoce. Mais il n'avait que vingt ans, et ce n'était pas assez pour cette maturité de vie que l'Église exige de ceux qui sollicitent l'honneur d'entrer dans sa hiérarchie. Il fallut donc attendre.

III. — L'abbé Chabrand attendit. Toutefois, l'administration diocésaine ne voulut pas laisser tant d'activité, tant de lumières se perdre dans un trop long repos. Elle confia au jeune clerc la direction des classes élémentaires du Petit-Séminaire d'Embrun[1]. Ce travail, entrepris avec bonne volonté et poursuivi avec succès, fut, pour le professeur, une révélation. Il comprit que Dieu l'appelait à l'enseignement, et c'est, en effet, dans ce ministère qu'il a passé la plus grande partie de sa vie.

---

[1] Toutes les classes se faisaient au collège où les séminaristes se rendaient deux fois par jour. Le collège d'Embrun était appelé, à cause de cela, collège mixte. Ce n'est qu'en 1833 qu'il s'est laïcisé, en se séparant du Petit-Séminaire.

Tout en expliquant à ses élèves les auteurs grecs et latins, l'abbé Chabrand n'oubliait pas qu'il devait se préparer aux ordres sacrés. C'était là une de ses grandes préoccupations.

Aussi, il fut tout heureux lorsqu'au printemps de 1823, on l'appela pour faire le pas décisif par la réception du sous-diaconat. Aux vacances de Pâques, il se rendit à Digne, et, quelques jours après, il en revenait plein de joie, un bréviaire sous le bras, et au cœur le vœu héroïque d'être tout à Dieu.

Les grandes vacances de cette même année furent réjouies et sanctifiées par la réception du diaconat[1]. Deux ordres majeurs en quelques mois, c'était une faveur que le jeune diacre savait apprécier et dont il témoignait à Dieu une profonde gratitude par une piété plus ardente et par des progrès de plus en plus visibles dans l'esprit ecclésiastique.

Et ce fut précisément cette généreuse correspondance à la grâce qui lui valut le suprême bonheur depuis longtemps ambitionné, celui d'être marqué du caractère sacerdotal. — Moyennant une dispense de onze mois que Rome accorda au jeune diacre, celui-ci put être ordonné

---

[1] 20 septembre.

prêtre le 18 décembre de cette même année 1823.

Ce fut Mgr Arbaud qui lui donna l'onction sacerdotale. Il fut le premier prêtre du diocèse auquel le nouvel évêque imposa les mains[1].

Cette circonstance établit entre le Pontife et le nouveau prêtre des relations qui revêtirent un caractère de sainte intimité et qui ne se démentirent jamais. Mgr Arbaud honora M. Chabrand de sa confiance jusqu'au dernier jour de sa vie, et M. Chabrand garda pour l'Évêque un souvenir de profonde vénération et de respectueux attachement. Nous l'avons entendu mille fois nous parler, avec des accents émus, du Prélat dont il ne prononçait jamais le nom sans y joindre le nom de *saint*.

IV. — Devenu prêtre, M. Chabrand s'adonna avec une nouvelle ardeur au professorat. Il enseigna successivement la quatrième[2], la troisième, la rhétorique et la philosophie.

En 1825, Mgr Arbaud lui confia la direction de

---

[1] Nos registres ne donnent pas d'autre ordination avant celle-là, et M. Chabrand y fut le seul prêtre. — Mgr Arbaud, nommé évêque de Gap le 13 janvier 1823, sacré le 6 juillet suivant, mourut le 27 mars 1836.

[2] Il fut nommé régent de quatrième, par le grand maître de l'Université, le 26 décembre 1822.

son Petit-Séminaire, et, deux ans après, à cette charge déjà lourde sa Grandeur fit joindre celle de Principal du collège d'Embrun [1]. Les deux établissements, séparés pour tout le reste, avaient des professeurs communs. — M. Chabrand remplit son double emploi à la satisfaction générale ; aussi le voyons-nous appelé, en 1829, au Grand-Séminaire de Gap, pour y occuper la chaire de dogme.

L'enseignement de la philosophie avait été à ce nouveau travail une excellente préparation. La transition ne se fit donc pas sentir, et les élèves n'eurent qu'à se louer de leur nouveau professeur. Celui-ci, du reste, habitué à un labeur sérieux, s'adonna avec un redoublement de zèle aux occupations de son cours. En peu de temps, les questions les plus difficiles lui devinrent familières, et c'était plaisir de l'entendre les exposer dans un langage digne des écoles du moyen âge. Tous ceux qui ont assisté aux leçons de M. Chabrand ont admiré avec quelle facilité et quelle élégance il parlait le latin. Ceux qui ne l'ont pas entendu n'ont qu'à lire les réflexions dont il a orné chaque chapitre de l'*Imitation*, et ils pour-

---

[1] Sa nomination de Principal par le grand maître de l'Université est du 12 septembre 1827.

ront se faire une idée de l'aisance avec laquelle il maniait la langue de Cicéron et des Pères latins.

Un emploi si bien rempli méritait une distinction. Mgr Arbaud la donna. Le 1er janvier 1835, il conféra à M. Chabrand le titre de chanoine honoraire. Ce fut pour le professeur de dogme un encouragement à de nouveaux efforts pour rendre ses leçons aussi brillantes que solides. Son but fut atteint, et les élèves formés par un tel maître ont donné au diocèse une réputation de science qui l'honore et dont il est fier.

Du reste, M. Chabrand se montra apte à remplir toutes les chaires ; pendant trois ans, de 1837 à 1840, il occupa celle de morale, et ce fut avec des succès aussi grands que les premiers.

V. — De si éminentes qualités mirent en relief le savant professeur, et lui valurent d'être choisi, en 1840, pour remplacer M. Borel dans les délicates fonctions de supérieur du Séminaire.

Ici notre tâche devient difficile, car il nous est impossible de montrer dans tout leur éclat la sagesse, la prudence, la fermeté, la bonté qui furent les compagnes assidues d'une administration dont la durée dépassa trente-deux ans.

M. Chabrand sut par sa science, par ses vertus, par son expérience, par sa longue fréquentation de la jeunesse, prendre sur les élèves ecclésiastiques un ascendant auquel on aurait vainement tenté de se soustraire. Les bons l'aimaient, les médiocres le craignaient, tous le vénéraient. D'une austérité de cénobite, d'une régularité de mœurs qui ne prêta jamais le flanc à la malignité, d'une piété aussi profonde qu'éclairée, M. Chabrand était bien l'homme qu'il fallait pour former les aspirants au sacerdoce aux grandes vertus de leur saint état. Ce qu'il demandait aux autres, il le faisait. Il poussait jusqu'au scrupule l'exactitude et l'obéissance à la règle. Levé tous les matins à cinq heures, il présidait aux premiers exercices spirituels, après lesquels il disait la sainte messe avec une gravité et une piété qui saisissaient tout le monde.

Après cela, aux heures de récréation et toutes les fois que ses occupations le lui permettaient, il se faisait un devoir de se mettre en communication avec les élèves, se mêlant à leurs conversations, leur racontant quelques-unes de ces anecdotes qui instruisent en amusant, et dont il avait une abondante provision.

Ces relations faciles et souvent répétées lui fournissaient le moyen de connaître à fond le caractère distinctif de chaque élève, et très souvent leur tournure d'esprit particulière.

Lorsque le soir était venu, c'était lui encore

qui expliquait le règlement, donnait les avis relatifs à la bonne tenue de la communauté, et surtout glosait sur la lecture spirituelle, et, en cela, on peut dire qu'il se surpassait. La finesse de ses observations, les mots qui peignent une situation, les récits anecdotiques, les peintures qui saisissent au vif le séminariste négligent, le prêtre oublieux de ses devoirs, fixaient l'attention des élèves et gravaient si bien la leçon dans leur mémoire que plusieurs pouvaient les redire de longues années après.

Cette sollicitude que M. Chabrand avait pour ses jeunes séminaristes, ce souci qu'il prenait de leur perfection morale le suivait jusque pendant les vacances. Autant que cela lui était possible, il restait en relation avec eux, et, toujours à la fin de ce temps d'épreuve, il prenait auprès de MM. les Curés les renseignements les plus précis sur la conduite de chacun d'eux, afin de procéder sûrement dans l'appel aux saints ordres.

VI. — Un zèle si actif, une prudence si consommée attirèrent l'attention du public ecclésiastique sur M. Chabrand et lui méritèrent une place distinguée parmi les sommités diocésaines.

En arrivant à Gap, Mgr Depéry fut frappé de ces hommages publics, et il crut de son devoir de mettre à profit l'expérience et l'ascendant du supérieur de son Séminaire. Sa Grandeur lui donna donc des lettres de Vicaire général et le fit agréer par le Gouvernement[1]. Pendant dix-huit ans, M. Chabrand fut le bras droit de l'excellent Prélat. A ce titre, il fut associé d'une manière directe et intime à tout le bien entrepris par le saint évêque qui a laissé parmi nous tant de précieux souvenirs.

Parmi les œuvres qui ont illustré l'épiscopat de Mgr Depéry, il en est une à laquelle M. Chabrand prit une large part, c'est la rédaction des *Constitutions diocésaines*. Le clergé sait tout ce que ces constitutions renferment de science, de piété et de sagesse. Le volume qui les contient est une théologie, un livre de piété et de direction. Il régit le diocèse depuis plus de trente-cinq ans et s'il a besoin de quelques modifications exigées par les temps où nous vivons, il pourra néanmoins, longtemps encore, servir de guide en ce diocèse où les bonnes traditions sont toujours en honneur.

VII. — Nous ne pouvons passer sous silence une autre œuvre à laquelle M. Chabrand a consacré une importante partie de ses sollicitudes,

[1] Ordonnance du Roi du 20 août 1844.

c'est la direction du monastère du Saint-Cœur.

Mgr Arbaud, après avoir donné à ses deux Séminaires les prémices de ses sollicitudes pastorales, après avoir tracé à son clergé une règle sûre dans ces ordonnances dont on a, à juste titre, admiré la sagesse, regarda comme un devoir de fonder un établissement d'éducation chrétienne pour les jeunes filles de son diocèse, et une maison de prières pour attirer les bénédictions du Ciel sur son épiscopat.

C'est à cette pensée que nous devons le monastère du Saint-Cœur. Sa Grandeur en avait jeté les bases en 1834, et, pendant deux ans, en avait été le supérieur. Mais la maladie vint mettre en danger les jours du pieux Prélat, et celui-ci ne voulant pas quitter la terre sans avoir assuré l'existence de cette congrégation naissante, en lui donnant un supérieur de son choix, M. Chabrand fut l'élu, et voici comment il fut présenté à la communauté.

Quatre jours avant sa mort, arrivée le 27 mars 1836, Monseigneur fit appeler près de lui les religieuses du Saint-Cœur, pour les bénir une dernière fois. M. Chabrand avait été prié de se trouver à cette suprême et triste entrevue. Le vénéré Prélat, de son lit de douleur, leur dit d'une voix déjà affaiblie : « Mes filles, je m'en vais ; bientôt vous ne me verrez plus sur cette terre ; mais je vous laisse dans le cœur de Marie. Puis, se tournant vers M. Chabrand, je vous confie, ajouta-t-il, à la garde de l'un des plus dévoués et des plus vigilants de mes prêtres ; soyez dociles à sa voix. »

Des larmes accueillirent ce testament ; toutefois, l'espérance restait au fond des cœurs, car M. Chabrand était déjà connu.

Le nouveau supérieur reçut cet héritage comme un dépôt sacré, et avec ce dépôt le double esprit de celui qui le lui avait légué, dévouement et désintéressement.

Cependant, à l'arrivée de Mgr Rossat, en **1841**, par une délicate déférence, M. Chabrand consentit à être remplacé par M. l'abbé Rossat, frère de sa Grandeur. Celui-ci continua l'œuvre si bien commencée par son prédécesseur qui prit, alors, la direction du couvent de Saint-Joseph. Toutefois, en **1844**, Mgr Depéry le rappela au Saint-Cœur. Depuis ce jour, jusqu'à l'heure de sa mort, il n'a cessé de prodiguer à sa chère congrégation tous les soins que lui inspirait son zèle sacerdotal. Ses instructions, animées par une foi vive et dictées par une haute intelligence, ont entretenu et développé, dans cette communauté, cet esprit religieux qui la caractérise et qui s'est communiqué, par les maîtresses, à cette foule d'élèves qui sont sorties de là pour devenir, dans leurs familles, des modèles de vertu.

Le zèle de M. Chabrand pour la congrégation du Saint-Cœur, au lieu de se ralentir avec l'âge, alla toujours croissant. Lorsque, en 1872, il quitta la direction du Grand-Séminaire, il garda celle du couvent et lui donna, dès lors, des soins plus assidus, ce que lui permettaient ses loisirs.

Les visites devinrent plus fréquentes et les instructions plus multipliées. Sa sollicitude paternelle s'étendait sur tout et rien n'échappait à sa vigilance. Son bonheur était de pouvoir encourager les timides et consoler les affligées. Il faisait siennes les joies et les peines de la communauté.

Lorsque le vénérable supérieur se montrait au milieu de sa chère famille, la joie rayonnait sur tous les fronts, et les enfants s'empressaient autour de lui comme autour d'un père. Alors, c'était des entretiens émaillés d'histoires édifiantes et récréatives, écoutées avec autant de respect que de plaisir. Cette douce et sainte gaîté rompait pour un moment l'austère gravité du cloître.

Pendant son supériorat, M. Chabrand eut la consolation de fonder, en 1857, une succursale du Saint-Cœur à Beaune (Côte-d'Or). Il déploya pour le succès de cette œuvre toutes les industries de son zèle, et il réussit si bien que Mgr Rivet, évêque de Dijon, lui donna toute son estime et promit protection à son œuvre.

Ce premier succès en amena un second. En 1883, les religieuses du Saint-Cœur ont pu, avec les conseils de leur digne supérieur, ouvrir un pensionnat à Entrevaux (Basses-Alpes). M. Chabrand n'a cessé de diriger ces deux établissements avec le même zèle et la même sagesse que la maison-mère, et il a eu la joie, avant de mourir, de les voir florissants et prospères.

Toutefois, depuis trois ans, ses visites au Saint-Cœur avaient dû diminuer ; ses forces ayant baissé et ne lui permettant plus que de rares sorties. Son cœur néanmoins veillait sur le saint monastère.

Il se faisait alors rendre compte, jour par jour, de l'état des santés et des progrès spirituels des religieuses et des élèves [1]. Durant les quatre derniers mois de sa vie, il récita tous les jours un chapelet pour obtenir de Dieu la guérison de la Révérende Mère du Cœur que Mgr Arbaud avait bénie à son lit de mort, et qui a gouverné depuis, avec tant de sagesse, le monastère confié à ses soins.

Dans une dernière visite au Saint-Cœur, vers

---

[1] M. Chabrand se tenait en rapports quotidiens avec le Saint-Cœur, par l'intermédiaire de l'aumônier de l'établissement, M. l'abbé Jame, qui n'a cessé de lui donner des preuves du plus parfait dévouement.

la fin de 1887, M. Chabrand réunit la communauté pour lui faire ses adieux. Voici ses paroles qui ont été recueillies comme un testament : « Mes enfants, je me sens succomber sous le poids des années, et bientôt je ne serai plus de ce monde ; lorsque vous apprendrez que j'ai quitté cette terre, vous prierez pour le repos de mon âme, car j'ai assumé, dans ma vie, de bien grandes responsabilités. Puis, mes enfants, conservez le bon esprit de votre Institut ; n'ayez qu'un cœur et qu'une âme pour vous porter mutuellement à bien remplir tous vos devoirs. Je vous bénis toutes dans les cœurs sacrés de Jésus et de Marie. »

Ces paroles firent couler bien des larmes ; mais elles n'étaient que le prélude d'une plus grande douleur. Le 9 février suivant, le vénéré supérieur était ravi à l'affection de ses enfants du Saint-Cœur. La mort de cet excellent père a été pour toutes, religieuses et élèves, une vraie consternation. Mais le souvenir de ses vertus et de ses leçons vivra pour être à toutes une consolation et un encouragement.

VIII. — Professeur éminent, Directeur éclairé, Vicaire général expérimenté, M. Chabrand était aussi un orateur distingué. Il écrivait bien, il parlait avec aisance et distinction. Sa voix était sonore et sans rudesse, son geste sobre, contenu et toujours en rapport avec la pensée. On l'écoutait avec plaisir, non seulement au Séminaire, mais au dehors. Il nous souvient que lorsqu'il faisait une visite à sa famille, et qu'un dimanche se rencontrait dans l'intervalle, la chaire était toujours pour lui. Le curé de la paroisse était heureux de lui céder sa place, et les paroissiens, instruits de sa présence au pays, ne manquaient jamais d'accourir en foule pour l'entendre.

Excellent patriote, M. Chabrand aimait son village et la paroisse de son baptême et de sa première communion. Aussi, profitait-il de toutes les occasions pour revoir son foyer. Alors, il se plaisait à parcourir les belles prairies qui entourent chaque hameau et les luxuriantes forêts qui les dominent.

Plein d'affabilité, il s'arrêtait volontiers dans ses courses ou ses promenades, pour saluer les travailleurs et s'enquérir de tout ce qui pouvait les intéresser. Il connaissait tout le monde et il avait pour tous une parole aimable ou un conseil plein de sagesse.

Ces relations lui fournirent souvent l'occasion de rendre service et il en profita. Nous aurions une belle page à écrire, si nous pouvions révéler tout ce qu'il a fait, à ce point de vue; mais il y a là-dessus un voile que nous ne sommes pas autorisés à soulever. Dieu a vu les largesses prodiguées par M. Chabrand, et il se réserve d'en faire un jour la glorieuse manifestation. Qu'il nous suffise de dire, en passant, que la générosité du vénérable Doyen a égalé toutes ses autres vertus. Issu d'une famille dont l'honorabilité était le plus grand trésor, M. Chabrand ne fut jamais riche, et néanmoins il trouva le secret de faire encore d'importantes libéralités. Il en a fait quelques-unes ostensiblement, en son propre nom, mais il en est d'autres, nous le savons, qu'il a pris soin de voiler sous l'anonyme. Combien de ces œuvres resteront ignorées jusqu'au jugement dernier ! Sa paroisse d'origine, le couvent du Saint-Cœur, le Petit-Séminaire d'Embrun et surtout le Grand-Séminaire de Gap n'oublieront pas qu'il a été leur bienfaiteur. Nous pourrions citer des chiffres, mais à quoi bon, lorsqu'il est certain que presque toutes ses économies se sont changées en bonnes œuvres ?

IX. — Et maintenant que nous avons admiré le Supérieur, le Professeur, le Vicaire général, le Prédicateur, le Prêtre régulier, l'homme généreux, contemplons le vieillard qui se prépare à la mort.

Les sollicitudes, les travaux dont nous avons parlé, prolongés pendant plus d'un demi-siècle, finirent par entamer les forces physiques de

M. Chabrand. Un jour, il sentit que son énergie commençait à baisser et que certains avant-coureurs de la vieillesse arrivaient à grands pas. Il crut donc que la prudence lui commandait de se retirer de la lutte et de céder la place à un combattant plus jeune. Une stalle lui fut offerte au Chapitre ; il l'accepta et, en juillet 1872, il quitta le Séminaire. Il y avait cinquante-deux ans qu'il y était entré ; il avait donc vu là plus de cinquante ordinations de prêtres et par conséquent de cinq à six cents élèves auxquels il avait ouvert les portes du sanctuaire. Quelle responsabilité devant Dieu ! Mais aussi quelle couronne !

Débarrassé des sollicitudes du Séminaire, M. Chabrand ne fit pas de sa stalle le siège de l'oisiveté. Le travail avait été trop longtemps sa vie pour le quitter tout d'un coup. Il continua à diriger le Saint-Cœur et à prendre part à l'administration diocésaine. Ce n'est que dans ces dernières années qu'il dut renoncer à tout, excepté à la prière. Célébrer le saint sacrifice de la messe, méditer, faire de pieuses lectures, réciter de long rosaires, ce fut sa vie et son bonheur jusqu'au jour où la mort qu'il avait vue venir, à laquelle il s'était depuis longtemps préparé, le frappa subitement.

Ses funérailles auxquelles ont pris part non seulement tous les membres du clergé qui n'en ont pas été empêchés, mais les plus honorables représentants de toutes les administrations, ont été un hommage éclatant rendu à ses vertus. Rien cependant ne comblera le vide qu'il a laissé parmi ses confrères, car tous avaient en lui un guide et un ami.

Les religieuses du Saint-Cœur ont voulu lui donner un dernier témoignage de leur gratitude et de leur vénération, en accordant à sa dépouille mortelle une place dans le sépulcre qu'elles possèdent au champ du repos. Là, le saint prêtre attend, dans la glorieuse résurrection et le bonheur qui doit la suivre, la récompense d'une vie pleine de jours et riche de mérites. »

www.ingramcontent.com/pod-product-compliance
Lightning Source LLC
LaVergne TN
LVHW021529140926
848035LV00047B/1259